INVENTAIRE
Q 8,581

LIVRES D'HISTOIRE

qui se vendent à Paris

Chez LOVIS BILLAINE, au second Pilier de la grand' Salle du Palais.

HISTOIRE SAINTE & Ecclesiastique.

L'Histoire de l'Eglise, composée par Messire Antoine Godeau Evesque de Vence, avec vn Abregé de l'Histoire de l'Ancien Testament, en 4. Tomes. fol.
Les deux premiers sont réimprimez avec corrections & augmentation, & les deux derniers sont nouvellement imprimez, & se vendent conjointement ou separément.
——— la mesme en grand papier en 4. Tomes. fol.
Abregé de l'Histoire Sainte & Ecclesiastique, composé par le sieur du Verdier. 4. vol. 12. 1665.

A

Abregé des Annales du Cardinal Baronius, fait en Latin par Aurelius Perufinus, & traduit en François avec la continuation, par le fieur Chaulmer. 6. vol. 12. 1664.

L'Hiftoire facrée de Sulpice Severe, traduite par M. Giry. 12.

La vie de Saint Martin par ledit Sulpice Seuere, traduite par M. du Ryer. 12.

La vie de Saint Benoift, auec l'Abregé de celle des grands Hommes de fon Ordre, par Dom Bernard Planchette de la Congregation de Saint Maur. 4.

——— La mefme vie, compofée par Saint Gregoire le Grand, nouuellement traduite. 24. & 32. 1665.

Les Chroniques generales de l'Ordre de Saint Benoift, trad. de l'Efpagnol en François, & augmentées de beaucoup par le traducteur. Le cinquiéme Tome & le fixiéme font imprimez nouuellement, le feptiéme s'imprime.

l'Année Benedictine, ou les Vies des Saints de l'Ordre de S. Benoift, difpofées pour tous les jours de l'année, & tirées des Autheurs contemporains & authentiques, Ouvrage nouueau en 6. Vol. 4. 1667.

Les Fleurs des Vies des Saints mifes dans la pureté de noftre Langue par le fieur Baudoüin de l'Academie Françoife. 2. Vol. fol. *grand papier*. 1667.

——— les mefmes en 2. Vol. *petit papier*.

Les Fleurs des Vies des Saints. fol. un Vol.

——— les mefmes 2. Vol. 4.

Recueil des Vies de plufieurs Saints, fçavoir la Vie & les Epiftres de S. Ignace, l'Hiftoire des Martyrs de Lyon, le Martyre de Sainte Afre, &c. 12. 1667.

La Vie de Saint Charles Borromée, par Monsieur Godeau. 8.

——————La mesme Vie, en petit vol. 12. 1664.

Eloge Historique du Bienheureux François de Sales, par ledit. 8.

Vie & Escrits de M. la Baronne de Neuvilette. 12. 1666.

Vie de M. Alain de Solminiach, Evesque & Conte de Cahors. 8. 1664.

Les Femmes Fortes, par le P. le Moyne. 12. *figures*. 1665.

——————Les mesmes, en grand vol. fol.

Le Trefor de S. Denis, contenant l'Histoire & Antiquitez de ce celebre Monastere, &c. *se réimprime augmenté*. 12.

Histoire de l'ancienne Image de Nostre-Dame de Boulogne. 8.

L'Histoire du Concile de Trente en François. fol. 1665.

——————La mesme en fin papier. fol.

Plusieurs autres Liures concernant l'Histoire Ecclesiastique.

HISTOIRE GENERALE.

La Science de l'Histoire, pour seruir de guide à ceux qui veulent s'y attacher, avec le Catalogue & le Iugement des principaux Historiens qui ont écrit tant les Histoires generales que les particulieres de chaque Nation. 12. 1665.

Abregé Chronologique de l'Histoire generale depuis le commencement du monde, par le R. P. Labbe. 5. Vol. 12. 1666. Avec une Introduction tres-necessaire qui explique les termes de cette science.

L'Histoire de ce siecle de fer, ou l'Histoire des guerres de nostre temps, par Parival. 2. Vol. 8.

───── Id. 3. Vol. 12.

───── La suite, ou continuation de ladite Histoire jusques à present. 8. 1666.

L'Histoire de Iustin, trad. en François par M. Colomby. 12.

L'Encyclopedie des Beaux Esprits, contenant un abreg. de l'Histoire generale, & de toutes les sciences. 12. 1667.

GEOGRAPHIES, VOYAGES, *& Relations.*

Le Monde, ou la Description generale & particuliere de ses quatre parties : des Mœurs, Religion, Forces, Gouvernement, Langues, Politique, &c. de tous les peuples: Avec l'Histoire Genealogique des Rois & Souverains de chaque Estat, &c. composé premierement par P. Davity, & presentement reveu, corrigé & augmenté d'un tiers par M. de Rocoles Historiographe de France, avec plusieurs cartes. 7. Vol. fol.

Les Estats & Empires du Monde, augmentez en cette nouvelle Edition. 2. Vol. fol.

Nouvelle Geographie, où toute la terre est d'escrite avec beaucoup d'exactitude & de brieveté, selon les Autheurs les plus modernes, & les Cartes les plus nouvelles, par M. Martiny. 12. 1665.

La Geographie du Prince, par M. de la Mothe le Vayer, avec les Cartes. 12.

Les Principes de la Cosmographie. 12.

Les Monarques de l'Vnivers, avec un discours de leurs Familles, Estats, Forces, Gouvernement, Politique, &c. enrichis de leurs Blasons & Portraits au naturel, avec un traité des Republiques, par M. de Roccoles Historiographe de France 12. s'impriment.

Iournal des Voyages de Mr. de Monconys, où les Sçavants trouveront un nombre infiny de nouveautez en Machines de Mathematique, Experiences Physiques, Raisonnemens de la belle Philosophie, curiositez de Chymie, & conversations des Illustres de ce Siecle ; Avec la description de divers Animaux & Plantes rares, plusieurs Secrets inconnus pour le Plaisir & la Santé ; les Ouvrages des Peintres fameux ; les Coûtumes & Mœurs des Nations, & ce qu'il y a de plus digne de la connoissance d'un honneste Homme dans les trois Parties du Monde : Enrichy de quantité de Figures en Taille-Douce des Lieux & des choses principales, divisé en 3. parties; La I. contient les Voyages de Portugal, Provence, Italie, Egypte, Syrie, Grece, & Natolie : La II. ceux d'Angleterre, Païs-bas, Allemagne & Italie : Et la III. son voyage d'Espagne, une Relation

A iij

de la mort de Sultan Hibraim ; plusieurs lettres sçauantes, &c. 3. Vol. 4. 1667.

Nouvelles relations du Levant qui contiennent plusieurs particularitez qui ont esté nouvellement remarquées pendant huit années de sejour, par M. Poullet, avec plusieurs *Cartes & Figures*, 12. 1667.

Relation d'un voyage fait au Levant, où sont descrites & nouvellement remarquées plusieurs singularitez touchant l'Empire des Turcs, leur maniere de faire la guerre, & autres curiositez de la Terre Sainte, Egypte, Ethyopie, &c. par M. Thevenot. 4. 1665.

ASIE.

Voyage de Moscovie & de Perse fait par Olearius, traduit & augmenté en cette nouvelle Edition du voyage & de la description des Indes, par M. de Vvicfort, *avec des Cartes & Figures*. 2. Vol. 4. 1666.

L'Ambassade de Figueroa prés de Scha-Abbas Roy de Perse, traduit par ledit sieur Vvicfort, contenant plusieurs singularitez de Perse & des Indes non encore descrites. 4. 1667.

Voyage d'Herbert dans la Perse & dans les Indes, trad. par ledit sieur Vvicfort. 4. 1665.

Voyage de François Pyrard ausdites Indes Orientales & au Brasil, contenant entr'autres choses une exacte description des Isles Maldives, & de plusieurs autres païs ; des Plantes & Animaux ; & un advis pour ceux qui entreprennent les voyages de long cours : Nouvelle Edition reveuë, corrigée

& augmentée d'une troisiéme partie ; le tout avec des remarques Geographiques & Historiques, contenant l'estat present des Indes ; les places que les Europeens y ont à present, & les routes dont ils se servent pour y aller. 4. 1667.

Histoire des Indes Orientales & Occidentales contenant outre la description des païs, les Conquestes des Portugais & autres, escrite en Latin par P. Maffée, & trad. en François par M. de Pure 4. 1666.

Ambassade des Hollandois prés l'Empereur de la Chine, avec la description des Villes, & plusieurs autres singularitez non encore descrites ; enrichie d'un grand nombre de Figures en taille douce. fol. 1665.

Histoire Vniverselle de la Chine, par le Pere Alvarez de Semedo Portugais, avec l'Histoire de la guerre des Tartares. 4. 1667.

Relation du Roy & du Royaume de Mataran, nouvellement traduite de l'Original Hollandois, & quelques autres relations curieuses. 4. 1667.

Histoire de Tunquin & de Laô, deux fameux Royaumes voisins de la Chine. 4. 1667.

EVROPE.

Relation de l'Islande, avec la Carte, par M. de la Peyrere 8.

———— De Groenland, avec Figures, par ledit sieur de la Peyrere 8.

———— Des Cosaques & des Tartares, avec un discours de la derniere guerre des Suedois dans la Pologne, par M. Chevalier. 12.

Description d'Vkranie, qui sont plusieurs Provinces du Royaume de Pologne, contenues depuis les confins de la Moscovie jusques aux limites de la Transilvanie, avec les mœurs, la façon de vivre & de faire la guerre des Habitans. 4.

Voyage fait en Flandre, avec la description des principales Villes. 12. 1667.

Les delices ou la description de la Hollande, & de ses Villes, par le sieur Parival. 12. 1666.

Deux Voyages, l'un fait en Dannemarc, & l'autre à Constantinople. 12.

Voyage de M. le Duc de Rohan en Italie & autres lieux. 12.

Voyage de Mr. le Prince de Condé en Italie. 12.

Relation d'Espagne contenant l'estat de ce Royaume, &c. 12.

Iournal d'un Voyage d'Espagne, contenant plusieurs descriptions particulieres des Villes & Chasteaux de Grenade, Tolede & autres, avec Figures. 4. 1667.

Voyage d'Espagne curieux, Historique, Politique. 4. 1666.

Voyage fait dans les principales Villes de l'Europe, avec leur description, par le sieur Payen. 12. 1667.

AFRIQVE.

Description generale & particuliere, Historique & Geographique de l'Afrique, composée en Espagnol par Loüis Marmol, & nouvellement traduite par Mr. d'Ablancour de l'Academie Françoise, avec trente Cartes Geographiques de Mr. Samson, & une nouvelle traduction de l'Histoire des Cherifs, qui donne beaucoup d'éclairciſſement audit Ouurage de Marmol, le tout in 4. 3. Vol. 1667.

Les Merveilles de l'Egypte ſuivant la doctrine des Arabes, traduites & données au public par le ſieur Vattier. 12. 1665.

Traité de l'Origine du Nil, & des autres Fleuves, avec une deſcription particuliere du Royaume des Abyſſins, & la poſition de pluſieurs Royaumes de l'Interieur de l'Afrique, inconnuë juſques à preſent, par Mr. Heinſius, & la relation des ſources du Nil, par le P. Paiys Ieſuite, qui a eſté ſur les lieux, tirée des eſcrits du Pere Kirker : avec des Cartes Geographiques. 4. 1667.

Hiſtoire de Barbarie, contenant la deſcription des Villes & Royaumes d'Alger & de Tunis, par le Pere Dam Maturin. fol.

Relation de la captivité du ſieur d'Aranda, où ſont contenuës pluſieurs ſingularitez de la Ville d'Alger & autres lieux de l'Afrique, touchant les mœurs du païs, & la façon de viure des Eſclaves, nouvelle Edition, augmentée de 13. Relations, avec Figures. 12. 1655.

Hiſtoire & deſcription de la grand' Iſle de Madagaſcar, par le ſieur de Flaccourt, commandant pour le Roy tres-Chreſtien dans ladite Iſle, avec pluſieurs Cartes & Figures. 4.

Relation de Madagaſcar, par le ſieur Cauche; Vn diſcours du Breſil; trois Relations d'Egypte, & une du Royaume de Perſe. 4.

AMERIQVE.

Voyage de la France Equinoxiale en l'Isle de Cayenne, avec la description du païs & des mœurs des Habitans, par le sieur Biet. 4. 1665.

Histoire naturelle & morale des Isles Antilles, nouvelle Edition augmentée de plusieurs Figures, &c. 2. Vol. 12. 1666.

Relation particuliere de l'Isle de Tabago, l'vne des Antilles de l'Amerique. 12. 1666.

Plusieurs autres Livres de Geographie, Voyages & Relations de divers païs.

HISTOIRE GRECQVE.

La Bibliotheque Historique de Diodore Sicilien, nouvellement traduite par M. Desmares. fol. *s'imprime à present.*

L'Histoire d'Herodote traduite par M. du Ryer. fol.

——— la mesme, 2. vol. 12.

L'Histoire de Thucydide, continuée par Xenophon, de la traduction de M. d'Ablancourt. fol. 1664.

La Retraitte des dix mille Grecs, par Xenophon, par ledit. 8.

——— la mesme en petit, 12. 1666.

La Cyropedie ou l'Institution du Ieune Cyrus, trad. du grec de Xenophon par M. Charpentier de l'Acad. F. 12.

Arrian, des Guerres d'Alexandre, par M. d'Ablancourt. 8.

——— le mesme en petit, augmenté de la vie d'Alexandre, traduite du Grec de Plutarque, & de ses Apophthegmes tirez de divers Auteurs, par ledit sieur d'Ablancourt. 12. 1665.

Quinte-Curce, de la vie d'Alexandre le Grand, de la traduction de M. de Vaugelas: avec les Supplements de Frenssemius traduits par M. du Ryer. 4.

——— le mesme en petit vol. 12. 1665.

Monsieur de la Mothe le Vayer a fait le Iugement des anciens Historiens Grecs & Latins, & a écrit quelques autres Traittez servans à l'Histoire, qui se trouvent dans le corps de tous ses Ouvrages, imprimé depuis peu en 3. vol. fol.

HISTOIRE ROMAINE.

Corps de l'Histoire Romaine depuis la fondation de Rome iusques à present, par M. Coëffeteau & Saint Lazare. 4. vol. fol.

L'Histoire Romaine, par M. Coëffeteau, separément. fol.

——— la mesme en 3. vol. 12.

Supplément de ladite Histoire, contenant plusieurs traductions de differens Auteurs, dont la pluspart n'avoient pas encore esté traduits, par M. de Marolles Abbé de Villeloin, 2. vol. 12. 1665.

Les Decades de Tite-Live, avec les Supplements de Frenssemius, le tout traduit par le S. du Ryer, 2. vol. fol.

L'Histoire de Florus, par M. le Vayer fils, avec des Notes. 8.

L'Histoire de Polybe avec les Fragments, de

la traduction de M. du Ryer. fol.
———— la mesme 3. vol. 12. 1667.
———— de Saluste, traduite par M. Desmares. 12.

Appian Alexandrin, contenant les differentes guerres des Romains écrittes en autant de livres trad. par led. S. Desmares, fol.

Les Commentaires de Cesar, traduits par M. d'Ablancourt, avec des Remarques Geographiques par M. Sanson. 4.
———— les mesmes en petit vol. 12. 1665.

Les Oeuvres de Corneille Tacite, traduites par M. d'Ablancourt. 4. 1665.
———— les mesmes, 3. vol. 8.
———— les mesmes, 3. vol. 12. 1664.

Les Vies des douze Cesars Empereurs Romains, écrites par Suetone, & traduites par M. du Teil. 4. *figures.*
———— les mesmes, en petit vol. 12. *figures.*

Les Cesars de l'Empereur Iulien, traduits nouvellement en françois par M. Spauhein, *c'est plutost une Satyre, que leur vie.* 12. 1666.

Arguments & Remarques Historiques sur les lettres de Brutus & de Ciceron, touchant les affaires de la Repub. Rom. depuis la mort de Cesar iusques au triumvirat. Le tout traduit & composé par M. Soreau. 12.

Recueil des medailles des Empereurs Romains. fol.

Plusieurs autres Auteurs anciens & modernes concernant l'Histoire Grecque & Latine.

HISTOIRE

HISTOIRE GENERALE de France.

L'Histoire generale de France depuis Pharamond jusques à maintenant, nouvelle edition en 4. volumes, reveuë, corrigée & augmentée en plusieurs endroits, & notamment de l'Histoire Ecclesiastique, & continuée depuis la paix de Vervins jusques à present : avec les portraits, medailles, &c. par M. de Mezeray, *s'imprime à present.* 4. vol. fol.

Abregé chronologique, pour servir d'introduction à l'Histoire generale de France, composé par ledit Sieur de Mezeray, avec l'Histoire de l'Eglise Gallicane, & l'abregé de la vie des Hommes doctes, qui ont fleury dans chaque siecle &c. avec les portraicts des Rois, 3. vol. 4. 1667.

L'Histoire des regnes de Henry III. & Henry IV. par ledit sieur de Mezeray, *se vend separément & est imprimée* fol.

Il reste encore quelques Exemplaires en grand & petit papier du 2. & 3. volume de la precedente impression.

Inventaire general de l'Histoire de France, par Iean de Serres, avec la continuation jusques à present. fol.

Abregé de l'Histoire de France, par le sieur du Verdier, avec les portraits des Rois, 3. vol. 12. 1666.

Abregé de l'Histoire de France, où par une

suite chronologique les principales actions de nos Rois sont exactement décrites, 2. vol. 12. 1665.

Abregé de l'Histoire de France, par le sieur Lamy. 24.

L'Estat de la France, où l'on voit tous les Princes, Ducs & Pairs, & autres Officiers de la Couronne : les Evesques, les Gouverneurs des Provinces, les Chevaliers, les Cours Souveraines &c. avec figures, 2. vol. 12.

HISTOIRES PARTICVLIERES & memoires de quelques Rois de France.

L'Histoire de France par M. de Thou, & des choses arrivées de son temps dans divers pays, sous les regnes de François I. Henry II. François II. Charles IX. &c. de la traduction de M. du Ryer. 3. vol. fol.

——— la mesme *en pap. fin, & en grand pap.* La continuation de cette Histoire s'imprime à present. 2. vol. fol.

L'Histoire de S. Louis par Ioinville 12. 1667.

Histoire du regne de Charles VI. par des Auteurs contemporains, où sont traittées plusieurs choses fort curieuses touchant le Schisme & l'Histoire Ecclesiastique de ce temps-là : le tout donné au Public avec des Illustrations, par M. le Laboureur. 2. vol. fol. 1664.

——— la mesme *en grand papier.* 2. vol. fol.

Memoires servants pour l'éclaircissement de l'Histoire de France pendant ledit regne par ledit sieur le Laboureur, *s'impriment à present.* 2. vol. fol.

Le Cabinet du Roy Loüys XI. contenant plusieurs Memoires, Lettres & Instructions, recueillies par M. Tristan-l'Hermite de Soliers, 12.

Les Memoires du Roy Henry le Grand, par M. le Duc de Sully, en quatre parties, grosse lettre, conformes à la premiere edition, 4. vol. fol.

———— les mesmes, petite lettre, 2. vol. fol.

———— les mesmes, huit vol. 12.

Suitte desdits Memoires, ou la troisiéme & quatriéme partie, nouvellement donnée au Public, contenant les desseins de ce grand Monarque, avec la continuation de son Histoire jusques à sa mort, *se vend separément.* fol.

———— la mesme, 4. vol. 12.

Histoire de Henry IV. augmentée des principales actions & paroles memorables de ce grand Roy, par M. l'Evesque de Rhodez, à present Archevesque de Paris, grosse lettre, 4.

———— la mesme avec augmentation, 12.

———— la mesme sans augmentation, 12.

Le regne de Loüys XIII. par M. Danes. 4.

Panegyrique du Roy Loüys XIV. contenant les plus beaux endroits de l'histoire de sa vie, par le sieur P. 12. 1665.

Histoire de Blanche de Castille Reine de France, par M. d'Auteüil. 4.

MEMOIRES CONCERNANT l'Histoire de France.

Les Memoires de Messire Loüys de Gonzague Duc de Neuers, contenant tous les Traittez Historiques & Politiques de ce grand Homme, ses Negociations en la Cour de Rome : ses Lettres & grand nombre de celles de Henry le Grand : auec vn recueil fort curieux de plusieurs Memoires non encore veus, & tirez de plusieurs manuscrits, seruans pour l'enrichissement de l'Histoire des regnes d'Henry III. & d'Henry IV. le tout recueilly & donné au Public par M. de Gomberville, 2. vol. fol. 1665.

────── les mesmes *en grand pap.* fol.

Les Memoires de M. de Castelnau, auec des Commentaires, Lettres, Instructions, Traittez, &c. seruans pour l'Histoire des regnes de François II. Charles IX. Henry III. &c. par M. le Laboureur, 2. vol. fol.

────── les mesmes *en grand pap.* 2. vol. fol.

Memoires d'Estat, contenant plusieurs lettres, instructions, &c. auec des remarques & la vie des hommes Illustres ; sous les regnes de François I. Henry II. & François II. le tout recueilly par M. Ribier Conseiller d'Estat, 2. vol. fol. 1666.

Les Memoires de Messire Pierre de Commines, seruans pour l'histoire de Loüys XI. & Charles VIII. 12.

Les Commentaires Historiques de Blaise de

Montluc, 2. vol. 12.

Les Memoires de la Reine Marguerite, 12.

Les Memoires d'Eſtat de M. de Villeroy, contenant ce qui s'eſt paſſé de plus remarquable ſous les regnes de Henry IV. & Loüys XIII. nouuelle edition plus correcte. 1665. 4. vol. 12.

Les Memoires de Gaſpar & Guillaume de Saulx Seigneurs de Tauanes, contenant pluſieurs choſes remarquables arriuées en France pendant les guerres ciuiles, &c. fol.

Les Memoires des troubles arriuez en France ſous les regnes des Rois Charles IX. Henry III. & Henry IV. auec les Voyages de M. de Mayenne en Leuant, & de M. de Ioyeuſe en Poictou, par le Sr. de Villegomblain 2. vol. 12. 1667.

Memoires d'Eſtat rapportans pluſieurs ſingularitez de ce qui s'eſt paſſé en France ſous les regnes d'Henry III. & Henry IV. par M. de Chiverny Chancelier de France. 2. vol. 12.

Les Memoires de M. le Mareſchal d'Eſtrée, écrits ſous la Regence de Marie de Medicis, & le regne de Loüys XIII. auec deux Relations, l'une du Siege de Mantoüe, & l'autre du Conclaue de Gregoire XV. 12. 1666.

B iij

HISTOIRES DE QUELQUES grands Princes & Seigneurs de France.

Hiſtoire Genealogique de la Maiſon Royale de Courtenay, auec les preuues, par M. du Bouchet. fol.

Hiſtoire Genealogique de la Maiſon d'Harcour, & des plus conſiderables de la Prouince de Normandie; enrichie de figures & blaſons, auec les preuues qui contiennent pluſieurs actes authentiques, tirez de diuers manuſcrits, ſeruant à l'éclairciſſement de l'Hiſtoire de France & d'Angleterre, par M. de la Rocque, 4. vol. fol. 1665.

Preuues hiſtoriques de l'illuſtre maiſon de Coligny, où ſont pluſieurs actes authentiques & memoires ſecrets touchant la Ligue & les guerres ciuiles de France pour la Religion, par ledit ſieur du Bouchet. fol.

Hiſtoire de Bertrand du Gueſclin Conneſtable de France & de Caſtille, compoſée nouuellement, & donnée au public, auec pluſieurs pieces originales touchant lad. Hiſtoire, celle de France & d'Eſpagne, & particulierement de Bretagne: par M. du Chaſtelet, fol. 1666.

────── la meſme *en grand papier.* fol.

L'Hiſtoire du Conneſtable de Leſdiguiere, par Loüys Videl Secretaire dudit Conneſtable. fol.

———— la mesme. 8.

———— la mesme 2. vol. 12. 1666.

L'Histoire du Duc d'Espernon, contenant plusieurs singularitez de l'Histoire de France pendant la longue vie de ce grand Homme, par M. Girard Secretaire dudit Seigneur: derniere edition reueuë & corrigée. 3. vol. 12.

L'Histoire du Mareschal de Matignon, contenant plusieurs choses fort curieuses arriuées en France pendant les guerres ciuiles. fol.

Histoire du Ministere du Cardinal Duc de Richelieu, 3. vol. 12. *Hollande.*

Le Ministre fidelle, ou l'Histoire de Suger Abbé de Saint Denis, Ministre d'Estat sous Loüys VI. & Regent en France sous Loüys VII. auec des Lettres historiques adressées par plusieurs grands personnages au mesme Suger: le tout traduit par I. Baudoüin. 8.

Histoire du Mareschal de Guébriant, contenant outre sa vie, le recit de ce qui s'est passé de son temps en Allemagne, auec l'Histoire genealogique de sa maison, & des principales de Bretagne, par M. le Laboureur. fol.

Le Portrait ou abregé de la vie du Mareschal de Gassion: auec quelques lettres dud. Mareschal, & autres grands Hommes de son temps. 12. 1665.

Les vies des Hommes illustres, principalement de France, recueillies par M. Campion. 4.

L'Histoire du Cheualier Bayard écrite par vn Auteur contemporain, & illustrée par Loüys Videl. 8.

HISTOIRES PARTICVLIERES de quelques Prouinces & Villes de France, & Pays circonuoisins.

Antiquitez & Annales de la ville de Paris, 2. vol. fol.
Les Annales d'Aquitaine, fol.
Considerations historiques sur la maison de Lorraine, par le Sr. Chanterau-le-Fevre. fol.
Discours historique du mariage d'Ansbert & de Blithilde pretenduë fille de Clotaire I. ou II. par ledit sieur. 4.
Question historique: si les Prouinces de l'ancien Royaume de Lorraine doiuent estre appellées terres de l'Empire; par ledit. 8.
Hist. de Dauphiné, par le sieur Chorier. fol.
Histoire de Prouence par Bouche, 2. vol. fol.
Histoire de la Ville d'Aix, fol. 1667.
Histoire de Chalon sur Saone, auec les preuues & plusieurs memoires curieux, tirez de differens manuscrits, 2. vol. 4.
——— de la ville & Abbaye de Tournus, auec les preuues, par le R. P. Chifflet. 4.
L'Histoire du Niuernois, & plusieurs autres Traittez non encore publiez, le tout composé par M. Guy Coquille, *se rencontrent dans toutes ses Oeuures nouuellement imprimées*

en 2. vol. fol. 1665.

Dans ladite edition il y a plusieurs Traittez historiques touchant les Libertez de l'Eglise Gallicane, lesquels n'ont point encore esté publiez : comme aussi quelques autres Traittez d'Histoire, sçauoir vn Discours des Duchez, & Pairies, &c.

L'Histoire genealogique de la maison de Sauoye, enrichie d'Epitaphes, Blasons, &c. par M. de Guichenon. 2. vol. fol.

L'Histoire de Bresse, & de Bugey, par ledit, 2. vol. fol.

L'Histoire des conquestes des Normans François dans les Royaumes de Naples, Sicile, &c. fol.

Histoire & Annales de la ville de Noyon, contenant plusieurs particularitez de l'Histoire de France, & singulierement de la Prouince de Picardie. 2. vol. 4.

AVTRES LIVRES CONCERnans l'Histoire de France, &c.

Traitté des Droits du Roy Tres-Chrestien sur plusieurs Estats & Seigneuries possedées par plusieurs Princes voisins, & auec les preuues, par M. du Puy. fol.

Diuers Traittez sur les Droits & sur les prerogatiues du Roy de France, 12. 1667.

Les Affaires qui sont aujourd'huy entre les maisons de France & d'Autriche, qui enferment presque tous les interests des Princes de l'Europe, 12.

Les Grandeurs de la Maison de France ; où il

est traitté de la dignité de la France, de l'origine, & de la genealogie des Familles Royalles, de la Comté de Madrie, de la Saxe Françoise, de la Souueraineté independante & de la Succession Masculine des Rois de France, de leurs Tiltres, de leur comparaison auec les autres Rois, de leur Puissance, pretentions, preseance, &c. 4. 1667.

Traitté historique de l'origine des Fiefs, tant en France qu'autres lieux, auec les preuues tirées de differens Memoires, Cartulaires, &c. par le sieur Chantereau-le-Fevre. fol. 1664.

——— le mesme *en grand pap.* fol.

Recherches genealogiques & historiques des Rois de France, des Princes Souuerains de l'Europe, & des plus illustres Familles tant de France que des pays étrangers, auec les seize quartiers blasonnez de chaque Famille, & des Remarques historiques fort curieuses touchant leur origine, &c. par M. le Laboureur. 2. vol. fol. *s'impriment.*

Trois Traittez historiques. Le 1. Apologie pour la maison de France. Le 2. le vray Childebrand étably contre l'opinion de M. Chifflet. Le 3. Remarques pour la vraye origine de la maison d'Austriche, par M. d'Auteüil. 4. 1667.

Remarques de M. le Mareschal de Bassompierre, sur l'Histoire de France, touchant les régnes d'Henry IV. & de Loüys XIII. sous lesquels il a vécu, 12. 1665.

Remarques curieuses sur l'Histoire de Dauilla, & du C. Bentiuoglio, ausquelles sont joints les Memoires de M. de Beauuais-Nangis, contenants l'histoire des Fauoris François, depuis Henry II. jusques à Loüys XIII. 12. 1665.

Thresor des Antiquitez Gauloises & Françoises, où l'on trouue l'explication de plusieurs termes & vieux mots, & plusieurs Remarques seruans pour l'intelligence de l'ancienne Histoire de France : par le sieur Borel. 4. 1667.

Le Iournal de la paix d'Arras, auec des Annotations historiques, par le sieur Collard, 12.

L'Histoire de la paix concluë entre la France & l'Espagne en l'Isle des Faisans, traduite de l'Italien du Comte Gualdo Priorato. 12.

Antiquitez des Villes & Chasteaux du Royaume de France : nouuelle edition, augmentée & continuée par M. du Chesne fils, auec les cartes & description des Villes en taille-douce. 2. vol. 12. *s'impriment.*

Le Theatre d'Honneur & de Cheualerie, par M. de la Colombiere, où sont contenuës plusieurs choses qui peuuent seruir à l'éclaircissement de l'Histoire de France. 2. vol. fol.

Recueil des Estats tenus en France en 1614. 4.

Les Recherches de M. Estienne Pasquier, où sont décrites plusieurs singularitez seruans à l'éclaircissement de l'Histoire de France. fol. 1665.

La Bibliotheque Françoise de M. Charles Sorel, où il est amplement parlé des Historiens qui ont écrit ou qui ont esté traduits en François : auec la Guide de l'Histoire de France, ou l'ordre, le choix & l'examen des Histoires particulieres, suiuant les trois races de nos Rois : & des Histoires generales : nouuelle Edition augmentée 12. 1666.

Plusieurs autres Historiens tant generaux que particuliers de France & de ses Prouinces.

HISTOIRES ESTRANGERES.

ANGLETERRE.

Histoire generale d'Angleterre, Escosse & Irlande, par André du Chesne, nouuellement continuée depuis l'année 1628. jusques à present. 2. vol. fol. 1666.

Abregé de l'Histoire d'Angleterre, par le sieur du Verdier, auec les portraicts des Rois. 3. vol. 12. 1667.

Histoire des troubles de la Grand' Bretagne, continuée jusques aprés la mort de Charles I. auec le rétablissement du Roy Charles II. par M. de Salmonet. fol.

——— ledit Rétablissement *imprimé separément*. 8.

Histoire des choses arriuées en Angleterre & autres lieux, sous les regnes d'Henry VIII. Edoüard VI. & Marie. 4.

Abregé de la vie & du regne de Charles I. Roy d'Angleterre, traduit de l'Anglois. 12. 1664.

PAYS-BAS.

Histoire des Guerres de Flandres, par Strada, traduite par M. du Ryer, 2. vol. fol.

——— la mesme en petit, 4. vol. *fig.* 12.

Histoire des Guerres du Pays-bas, composée
en Latin

en Latin par M. Grotius, & traduite en François par le sieur l'Eritier. fol.

Histoire genealogique des Pays-bas, & historique de la ville de Cambray, contenant les Genealogies, Eloges, Armes, &c. de prés de quatre mille Familles nobles, tant des dix-sept Provinces que de France : avec les preuves, par Iean le Charpentier Historiographe. 2. vol. 4.

Les Delices de la Hollande, contenant l'histoire du pays, la description des Villes, &c. par le sieur Parival. 12.

Histoire des Comtes d'Hollande, avec l'estat & gouvernement des Provinces Vnies des Pays-bas, de leurs traittez de Paix, des Compagnies des Indes, des Impofts, &c. 12. 1666.

ALLEMAGNE.

L'Estat de l'Empire & des Princes Souverains d'Allemagne, traittant de l'Empereur, des Electeurs, de la Iustice, & du droit d'Allemagne : de la Maison d'Autriche, & autres Illustres Familles. De leurs alliances, guerres, privileges, &c. des Dietes tant generales que particulieres, &c. avec un Abregé de l'histoire d'Hongrie, & de la derniere guerre contre le Turc. 12. 2. vol. 1665.

Traitté de l'Election de l'Empereur, contenant plusieurs singularitez de l'Histoire d'Allemagne non encore éclaircies ; composé par M. de Vvicfort, 4.

L'Histoire & la Politique de la Maison d'Autriche, où l'on voit son établissement, ses pretentions, ses démeslez, & ses traittez;

C

les guerres, les disputes pour la préséance avec la France, & ses agrandissements par les alliances, &c. par le S. de M. 4.

Affaires de France & d'Autriche. V. *cy-devant.*

Relation de l'Estat & Couronne de Suede 8.

ITALIE

Histoire du soulévement de la Ville & du Royaume de Naples, contenant les intrigues & les actions les plus secrettes de tout ce qui s'y est passé, par M. le Comte de Modene qui y estoit present. 3. vol. 12. 1667.

Relation de Rome, traittant du gouvernement, des Revenus certains & incertains du Pape, des principales Familles, &c. 12. 1664.

Description exacte de la Ville de Rome, traittant de tous les lieux saints & profanes, ainsi qu'ils se comportent à present, 12. 1667.

Voyage de M. le Duc de Rohan en Italie, *c'est à la fin de ses memoires.* 12.

Voyage de M. le Prince de Condé en Italie, 12. 1665.

Estat present de l'Italie, traittant des Princes Souverains, & autres du gouvernement, &c. 12. 1667.

ESPAGNE

Histoire d'Espagne, traduite sur l'Espagnol & le Latin de I. Mariana, & continuée jusques à present, 2. vol. fol. *s'imprime.*

Relation d'Espagne, où il est traitté des Grands, des Ordres de Chevalerie, des Conseils, du Gouvernement, du Revenu, &c. 12.

Relation de la disgrace du Comte-Duc d'Olivarés, 8.

Mercure Portugais, ou l'Histoire de la derniere revolution arrivée en Portugal. 8.

Abregé de l'Histoire d'Espagne, composé par le sieur du Verdier. 2. vol. 12.

Voyage d'Espagne, & Iournal d'un voyage fait en Espagne, V. *Voyages.*

DES TVRCS, &c.

Histoire des Turcs par Calcondille, continuée jusques à present par M. de Mezeray, avec l'histoire du Serrail : & les Annales des Sultans adjoustées à cette nouvelle edition, par ledit sieur de Mezeray, *avec figures.* 2. vol. fol.

——— la mesme *en grand pap.* 2. vol. fol.

Abregé de l'Histoire des Turcs, par le sieur du Verdier, avec les portraits, 3. vol. 12. 1666.

Marmol, Histoire d'Afrique, par M. d'Ablancourt. V. *Voyages.*

Histoire de Barbarie & de ses Corsaires, des Royaumes & des Villes d'Alger, de Tunis, de Salé, & de Tripoli, &c. fol.

Captivité d'Aranda. V. *Voyages.*

Histoire d'Osman fils d'Ibrahim Empereur des Turcs, à present nommé le P. Ottoman, de l'Ordre des Freres Prescheurs; dans laquelle se découvrent plusieurs intrigues du Serrail & de la Porte, & où l'on justifie la veritable naissance de ce Prince, pour servir de Discours apologetique pour la deffense des Chevaliers de Malte. 12. 1665.

Autres livres.

Les Oeuvres de N. Machiavel, nouvellement

traduites en François, qui contiennent plusieurs traittez historiques & politiques. 2. vol. 12.

Les Emblesmes de Saavedra, ou l'Idée d'un Prince Chrestien & politique, qui contiennent plusieurs traitez de l'Histoire ancienne & moderne, 2. vol. 12. *avec plusieurs figures.* 1668.

Les Apophthegmes des Anciens, tirez de differens Auteurs; & les Stratagémes de Frontin, dans lesquels l'on découvre plusieurs beaux traits d'histoire : avec un Traitté des coustumes de Lacedemone, & un autre de la bataille des Romains : le tout traduit ou composé par M. d'Ablancourt. 4.

———— les mesmes. 2. vol. 12.

L'Histoire ingenieuse, ou l'élite des beaux traits d'esprit, tant anciens que modernes. 8.

Question & Discours historique touchant la fausseté de la Papesse Ieanne, par M. Blondel. 8.

L'Histoire des plus illustres Favoris anciens & modernes, avec une relation de la mort du Mareschal d'Ancre : le tout tiré du cabinet de M. du Puy. 12.

Dictionnaire Historique & Poëtique, par le sieur Iuvigné. 4.

Recherches curieuses, philologiques & historiques sur l'origine & la diversité des Langues & Religions en toutes les principales parties du monde, traduites de l'Anglois. 8.

* *Historia del sacco di Roma, del Guicciardini.* 12.
* *Il Trattato della Pace conclusa frà le due Coronne*

nell' anno 1659. descritta del Conte Galeazzo Gualdo Priorato. 12.

Le Iournal des Sçavans, qui se distribuë tous les Lundis de chaque Semaine, dans lequel il est parlé des Livres nouveaux qui s'impriment, & de ce que l'on découvre de plus curieux dans les Arts & dans les Sciences. 4.

La pluspart des Livres considerables du present Catalogue sont imprimez en grand & petit papier. Plusieurs Livres d'Histoire de tous pays & en toutes Langues, qui ne sont pas specifiez dans le present Catalogue, & qui sont imprimez tant en France que dans les pays étrangers, se trouvent abondamment dans la mesme Boutique.

www.ingramcontent.com/pod-product-compliance
Lightning Source LLC
Chambersburg PA
CBHW060616050426
42451CB00012B/2286